AF298680

AU ROY,

IRE,

Les Doyen, Chanoines, & Chapitre de l'Eglife Royale & Collegiale de Noftre - Dame du Val de la Ville de Provins REMONTRENT TRES-HUMBLEMENT à VOSTRE MAJESTE', que les Supplians ayant differentes conteftations avec le Chapitre de Saint Quiriace de la même Ville, au fujet de leurs rangs, & prefceances, pour raifon defquels ils avoient efté renvoyez par Arreft du Confeil au Bailliage de Provins &, par Appel au Parlement de Paris : ils crurent qu'il leur feroit plus convenable de s'en rapporter au Jugement Arbitral de Monfieur Bignon Confeiller d'Eftat, Intendant de la Generalité de Paris.

C'eft pourquoy ils fignerent deux Actes capitulaires les 19. Septembre 1712. & 11. Decembre 1715. par forme de compromis, par lefquels ils declarent qu'ils fe rapportoient à fa décifion fur toutes leurs conteftations, & confentirent même qu'il fût paffé Arreft en conformité de fon Jugement.

Monfieur Bignon, au lieu de rendre fon Jugement Arbitral, conformement au compromis, a fait rendre à la follicitation du Chapitre de Saint Quiriace un Arreft au Confeil d'Eftat le 6. Aouft 1717. comme fi l'affaire y eut efté pendante, & qu'il en eût efté nommé Rapporteur par VOSTRE MAJESTE', ce qui eft contre toutes les regles, puifqu'il n'y avoit point d'inftance pendante au Confeil entre les Parties, que Monfieur Bignon n'eftoit pas le Rapporteur de leurs conteftations,

A

13.900

& qu'il n'avoit d'autre qualité pour les regler, que celle d'Arbitre, qui ne luy donnoit que le pouvoir de rendre un Jugement arbitral.

Et d'autant que d'un autre costé, cet Arrest faisoit aux Supplians des griefs très considerables au fond ; ils y ont formé opposition par une Requeste très étenduë, qu'ils ont presentée à VOSTRE MAJESTE', dans laquelle ils ont expliqué leurs moyens d'opposition, soit dans la forme, soit au fond.

Ces moyens ont esté trouvez si justes & si solides, que VOSTRE MAJESTE', par Arrest de son Conseil d'Etat du 14. Février 1718. a receu les Supplians opposans à celuy du 6. Aoust 1717. & il a esté reservé aux Parties à se pourvoir par les voyes de droit, ainsi qu'elles aviseroient bon estre, pour proceder comme auparavant ledit Arrest.

Au moyen de quoy elles étoient en état de faire juger leurs contestations, ou au Bailliage de Provins, où elles avoient esté renvoyées par l'Arrest du Conseil, ou au Parlement de Paris, en interjettant Appel du Jugement de M. Bignon.

Les Supplians ont fait signifier cet Arrest ausdits Sieurs du Chapitre de Saint Quiriace ; mais comme ils sont persuadez qu'il ne leur seroit pas possible de soûtenir leurs mauvaises pretentions, & les entreprises qu'ils veulent faire sur les droits des Supplians, & dans lesquels Monsieur Bignon les a autorisez par l'Arrest du Conseil d'Etat qu'il a fait rendre à leur sollicitation ; ils ont donné leur Requeste à VOSTRE MAJESTE', pour estre receus opposans à l'Arrest du 14. Février 1718. & ils ont demandé que sans avoir égard à cet Arrest, celuy du 6. Aoust 1717. soit executé.

Sur quoy il est intervenu Arrest le 7. Aoust 1719. qui a ordonné que la Requeste seroit communiquée aux Supplians, pour y fournir de reponses dans un mois du jour de la signification de l'Arrest, pour icelle vûë & rapportée, estre par VOSTRE MAJESTE' ordonné, ce qu'il appartiendroit.

Le Chapitre de Saint Quiriace a fait signifier cet Arrest aux Supplians le 5. Septembre dernier, avec sommation d'y satisfaire.

Il s'agit donc aujourd'huy d'examiner les moyens que les sieurs du Chapitre de saint Quiriace ont proposé dans leur Requeste pour former leur opposition à l'Arrest du 14. Février 1718.

Ils disent, 1°. Que Monsieur Bignon a communiqué de l'affaire à Monsieur Bouteillier de Chavigny, qui estoit nommé pour lors à l'Archevêché de Sens, & au sieur Abbé Guerin de Tancin, qui estoit pour lors Grand-Vicaire de l'Archevêché le Siege vacant.

Mais ce fait est avancé gratuitement, & il ne se trouvera pas veritable : Monsieur Bignon même n'en a fait aucune mention dans son Jugement arbitral.

D'ailleurs il seroit fort indifferent que M. l'Archevêque de Sens & son Grand-Vicaire eussent pris connoissance des contestations dont il s'agit : l'Arrest que le Chapitre de saint Quiriace a sollicité Monsieur Bignon de faire rendre, n'en est pas plus regulier dans la forme ny au fond, puisque d'un costé il n'avoit autre pouvoir que celuy de rendre un Jugement arbitral, & qu'au fond il a dépoüillé contre toutes fortes de regles les Supplians des droits qui leur appartiennent incontestablsment, comme ils l'ont fait voir par leur Requeste, sur laquelle l'Arrest du 14. Février 1718. a esté rendu.

2°. Les sieurs du Chapitre de Saint Quiriace disent que c'est par surprise que les Supplians ont obtenu cet Arrest, parce que pour retracter un Arrest aussi solemnel que celuy du 6. Aoust 1717. il auroit fallu auparavant entendre les Parties, & qu'il ne pouvoit estre retracté que par des motifs puissans, & sur des moyens tirez du fond de l'affaire, & qu'il n'a esté allegué dans la Requeste des Supplians aucuns moyens du fond, qu'ils n'en ont aucuns à proposer, qu'il ne paroist pas même qu'ils ayent joint aucunes pieces à leur Requeste, n'y en ayant aucune énoncée dans la Requeste visée dans l'Arrest.

Les Supplians repondent, 1°. Que ce moyen pourroit estre de quelque consideration, si l'Arrest du 14. Février 1718. avoit jugé le fond des contestations; car on ne conteste pas que pour decider regulierement d'un droit entre deux Parties, il faut auparavant les entendre & examiner leurs titres & leurs pieces.

Mais lorsqu'il ne s'agit que de juger si un Arrest est regulier dans la forme, ou non, & de renvoyer des Parties à se pourvoir sur leurs contestations pardevant les Juges qui en doivent connoistre, leurs titres sont pour lors fort inutiles, & il n'est pas de la regle dans ce cas là d'entrer dans les moyens du fond; & la seule procedure qui a esté tenuë, suffit pour faire connoistre si les moyens d'opposition à un Jugement sont valables, ou non.

L'Arrest du 14. Février 1718. qui a receu les Suppliants opposans à celuy du 6. Aoust 1717. n'a rien prononcé au fond; il a donc seulement jugé que cet Arrest n'estoit pas regulier dans la forme, parce que le fait estoit constant que Monsieur Bignon n'avoit esté nommé par les Parties, que pour rendre un Jugement arbitral sur toutes leurs contestations, qui avoient esté renvoyées au Bailliage de Provins par Arrest du Conseil, & qu'au lieu de cela il avoit fait rendre un Arrest au Conseil d'Etat, comme s'il eut esté nommé par VOSTRE MAJESTE' Rapporteur de ces contestations, & qu'elles eussent esté pendantes au Conseil.

Les Supplians n'avoient donc pas besoin de rapporter leurs titres n'y d'establir leurs moyens au fond contre cet Arrest, pour en faire connoistre l'irregularité, & le seul vû de cet Arrest estoit suffisant pour prouver qu'il n'y avoit pas la moindre difficulté de recevoir l'opposition, que les Supplians y avoient formée.

Mais en second lieu, il n'est pas veritable que les Supplians n'ayent pas expliqué leurs moyens au fond contre cet Arrest, & les Griefs sensibles qu'il leur faisoit.

La lecture seule de l'Arrest du 14. Février 1718. establit le contraire: il porte expressement : *requeroient à ces causes les Supplians, & pour les griefs proposez au fond contre le Jugement arbitral du sieur Bignon : & vû ladite Requeste & les pieces attachées à icelle &)c.*

Les Supplians avoient donc aussi expliqué par leur Requeste les griefs que l'Arrest en question leur faisoit, & ils avoient produit les titres qui fervoient à eſtablir ces griefs, & ſi ces moyens ne ſont pas rappellez dans l'Arreſt, non plus que les pieces ſur leſquelles ils ſont fondez, c'eſt que le Conſeil a crû que cela eſtoit inutile & ſurabondant, parce que les moyens de la forme eſtoient plus que ſuffiſans pour faire retracter l'Arreſt, & que d'un autre coſté celui du 14. Février 1718. n'a rien jugé au fond, & qu'il a reſervé aux Parties à ſe pourvoir.

Et pour juſtifier, d'autant plus que les Supplians ont expliqué par leur Requeſte d'oppoſition les moyens qu'ils avoient au fond contre l'Arreſt du 6. Aouſt 1717. ils rapporteront une copie entiere de cette Requeſte; & Monſieur Ferrand qui en a eſté le Rapporteur au Conſeil de dedans, auſſi bien que le ſieur Adam qui a dreſſé le vû de l'Arreſt, ne refuſeront pas de rendre temoignage, s'il eſt neceſſaire, que toutes les pieces du fond furent produites.

Les Supplians rapporteront encore aux mêmes fins une copie de l'extrait de Monſieur Ferrand, dont l'original, auſſi bien que celui de ſon avis, eſt en depoſt chez le ſieur Meſnard, Secretaire de Monſieur de Maurepas, auquel le ſieur Adam les a remis.

Après ces obſervations, les ſieurs du Chapitre de S. Quiriace diſent que pour eſtre convaincu que l'avis de Monſieur Bignon, & l'Arreſt rendu en conſequence ſont très reguliers, il ſuffit de conferer les ſoumiſſions des deux Chapitres, avec l'Arreſt du 6. Aouſt 1717. que les Parties s'étoient expreſſement ſoûmiſes à l'avis de Monſieur Bignon, qu'elles avoient promis d'executer, ce qui ſeroit par lui reglé, & qu'elles avoient conſenti qu'il fût paſſé Arreſt conforme à ſa déciſion.

Ils ajoûtent que c'eſt en qualité de Conſeiller d'Etat & d'Intendant de la Province, & dans ſon département que Monſieur Bignon a bien voulu accepter les ſoûmiſſions des Parties, & donner ſon avis qui a eſté ſuivi de l'Arreſt du Conſeil de Regence du 6. Aouſt 1717. que cet Arreſt ne peut pas eſtre regardé comme un Arreſt intervenu ſur des conteſtations inſtruites au Conſeil; mais comme un Arreſt rendu en conſequence de l'avis d'un Conſeiller d'Etat, Intendant de la Province, pour mettre la paix entre deux Chapitres; que tous les jours les Intendans de Province donnent leurs avis ſur toutes ſortes de matieres, & que ſur leurs avis il intervient des Arreſts, lorſque VOSTRE MAJESTE' le trouve à propos, en quoy il n'y a rien qui bleſſe l'ordre des Juriſdictions

Enfin ils diſent que ſi l'Arreſt du 14. Février 1718. avoit lieu, il feroit renaiſtre des Procès éteints & terminez, ſuivant les pouvoirs qui en avoient eſté donnez à Monſieur Bignon, & que la longueur & la multitude des procedures & des frais, auſquels les Parties ſeroient de nouveau expoſez, ne manqueroient pas de cauſer leur rüine.

Les Suppliants repondent, 1°. Qu'il n'y a au contraire qu'à conferer les ſoûmiſſions des deux Chapitres, avec l'Arreſt que Monſieur Bignon a fait rendre, pour eſtre convaincu que cet Arreſt ne peut jamais ſubſiſter.

Par les compromis, les Parties ont déclaré qu'elles s'en rapportoient à la déciſion, avis & Jugement arbitral de Monſieur Bignon ſur toutes leurs conteſtations, lequel Jugement elles s'obligerent d'executer, &
conſentirent

confentirent qu'il fût même paſſé un Arreſt en conformité de ce Jugement.

Ce n'eſt donc qu'un Jugement arbitral que Monſieur Bignon devoit rendre ; il n'a fait que ce que le Bailliage de Provins, où les Parties eſtoient renvoyées par Arreſt du Conſeil du 5. Juillet 1706. auroit
pû faire. L'Arreſt qui devoit eſtre paſſé en conformité de ce Jugement,
n'eſtoit qu'un Arreſt d'homologation, qui ne pouvoit jamais par con-
ſequent empêcher les Parties d'interjetter Appel du Jugement arbitral,
parce qu'un Arbitre ne peut jamais eſtre Juge ſouverain, ny de former
oppoſition à l'Arreſt d'homologation de ce Jugement, parce que c'eſt
une voye de droit qui eſt toûjours permiſe, & qui eſt ouverte à tout le
monde.

Mais au lieu de cela, Monſieur Bignon a trouvé à propos de faire
rendre un Arreſt au Conſeil, comme s'il y avoit eu une inſtance liée
ſur les conteſtations des Parties, que cette inſtance y eût eſté inſtruite
en la maniere ordinaire, & qu'il eût eſté nommé par V O S T R E
M A J E S T E' pour eſtre Rapporteur de cette inſtance.

Les Parties adverſes ont donc porté Monſieur Bignon à faire une choſe
qui n'eſtoit pas regulière ny conforme aux termes du compromis, en ren-
dant un Arreſt en qualité, & comme Rapporteur nommé par VOSTRE
M A J E S T E', quoyqu'il ne fût ſimplement qu'Arbitre : par conſe-
quent rien de plus irregulier, que ce qui a eſté fait, avec d'autant plus de
raiſon, que V O S T R E M A J E S T E' s'eſtoit déja ~~faiſie~~ des conteſtations des Parties, en les renvoyant par un Arreſt contradictoire de ſon
Conſeil du 5. Juillet 1706. ſignifié aux Suppliants par les Sieurs du Chapitre de Saint Quiriace le 13. du même mois au Bailliage de Provins, &
par Appel au Parlement de Paris ; ainſi il ne peut y avoir la moindre
difficulté que l'Arreſt du 6. Aouſt 1718. qui a receu les Suplians oppoſans à celuy du 6. Aouſt 1717. ne ſoit dans toutes les regles.

C'eſt en vain que les Sieurs du Chapitre de Saint Quiriace diſent
pour indiſpoſer V O S T R E M A J E S T E' contre les Suppliants, que
le refus du Chapitre de Noſtre-Dame, d'aſſiſter au Service ſolemnel
qui avoit été fait par ordre du feu Roy, pour le repos de l'ame de Monſeigneur le premier Dauphin, fut la cauſe des ſoumiſſions des Parties :
puiſque les Suppliants, bien loin d'avoir refuſé, avoient en conformité des ordres de Monſieur l'Archevêque de Sens, & pour ſatisfaire leur
zele, celebré dans leur Egliſe un Service auſſi ſolemnel que celuy des
Sieurs de Saint Quiriace, qui ne s'acquitterent de ce devoir que trois Se-
maines après les Suppliants : qu'ils ne diſent donc plus que leur pretendu refus eſt la cauſe des ſoûmiſſions des Parties, mais leurs vexations, &
leurs entrepriſes ſur les droits des Suppliants.

C'eſt auſſi fort inutilement qu'ils alleguent que Monſieur Bignon étoit
pour lors Conſeiller d'Etat, & Intendant de la Province, & que les Parties eſtoient domiciliées dans ſon département ; car ce n'eſt ny en qualité de Conſeiller d'Etat, ny en qualité d'Intendant de la Province, qu'il a
eſté en droit de rendre ſa déciſion ſur les conteſtations des Parties, mais
en qualité d'Arbitre nommé par les Parties.

On ne conteſte pas que V O S T R E M A J E S T E' ne rende ſouvent des Arrests au Conseil sur l'avis des Intendants de Province ; mais cela n'arrive que quand les affaires leur sont renvoyées par VOSTRE MAJESTE' , ou par son Conseil ; mais ce n'est pas là le cas dont il s'agit : les contestations qui sont entre les Parties , n'estoient point pendantes au Conseil ; elles avoient même esté renvoyées au Bailliage de Provins , comme il vient d'estre observé : ce n'est pas VOSTRE MAJESTE' qui a renvoyé les contestations à Monsieur Bignon pour donner un avis preparatoire : ce sont les Parties elles - mêmes , qui au lieu de proceder pardevant les Juges de Provins , ont trouvé plus à propos de choisir Monsieur Bignon pour Arbitre, & de s'en rapporter à sa decision ; ainsi tout ce que les Sieurs de Saint Quiriace alleguent sur la qualité de Monsieur Bignon de Conseiller d'Etat & d'Intendant de la Province, n'a aucune application au fait dont il s'agit.

Il est vray que Monsieur Bignon a rendu son Jugement sur toutes les contestations qui estoient pendantes entre les Parties ; mais par ce Jugement, il a depoüillé les Suppliants de tous les droits qui leur appartiennent incontestablement, comme ils l'ont fait voir par la Requête, sur laquelle est intervenu l'Arrêt du 14. Février 1718.

Et c'est un mauvais moyen pour faire subsister ce Jugement aussi irregulier qu'on l'a expliqué cy - dessus, de dire que s'il ne subsistoit pas, cela donneroit lieu à de nouvelles procedures, qui causeroient beaucoup de frais aux Parties : il dépend des Sieurs du Chapitre de Saint Quiriace d'éviter ces procedures & ces frais ; ils n'ont qu'à rendre justice aux Supplians , & à se désister de leurs mauvaises entreprises.

Les Suppliants ne contestent l'execution du Jugement de Monsieur Bignon , que pour soûtenir les droits legitimes que les Sieurs du Chapitre de Saint Quiriace veulent leur enlever : les Suppliants sont fondez en regle ; ainsi c'est mal à propos que les Sieurs du Chapitre de Saint Quiriace ont formé leur opposition à l'Arrest dont il s'agit , & ils en doivent être deboutez.

A CES CAUSES, SIRE, plaise à VOSTRE MAJESTE' donner acte aux Suppliants, de ce que pour deffenses à la Requête d'opposition des sieurs du Chapitre de Saint Quiriace inserée dans l'Arrêt du Conseil d'Etat du 7. Août 1719. signifiée aux Suppliants le cinq Septembre dernier ; ils employent le contenu en la presente Requête, avec les pieces qui y seront jointes par inventaire sommaire : ce faisant, sans avoir égard à l'opposition desdits Sieurs du Chapitre de Saint Quiriace, dont ils seront deboutez, ordonner que l'Arrest du quatorze Février mil sept cent dix - huit, sera executé selon sa forme & teneur , & condamner lesdits Sieurs du Chapitre de Saint Quiriace aux dépens; & les Suppliants continueront leurs vœux pour la santé & prosperité de VOSTRE MAJESTE'.

CHARROYER.

COPIE DU DISPOSITIF DE L'ARREST CONTRADICTOIRE
du Conseil rendu entre le Chapitre de Nôtre-Dame du Val de la Ville de Provins, d'une part ; & le Chapitre de S. Quiriace de la même Ville d'autre, le 5. Juillet 1706. qui les a renvoyés fur leurs contestations au Bailliage de Provins, & par appel au Parlement de Paris.

5. Juillet 1706.

LE Roy en fon Conseil faifant droit fur le referé, a déchargé les Doyen, Chanoines & Chapitre de l'Eglife de S. Quiriace de l'affignation qui leur a esté donnée au Conseil le 18 Février dernier à la Requeste des Doyen, Chanoines, & Chapitre de l'Eglife de Nôtre-Dame du Val. Ce faifant ordonne Sa Majefté que les Parties continueront de proceder au Bailliage de Provins fur leurs procès & differens dont est question, circonstances & dépendances fuivant les derniers erremens, & par appel au Parlement de Paris, auquel Sa Majefté en tant que de befoin, en attribue toute cour & jurifdiction. Fait au Conseil d'Eftat du Roy, tenu à Verfailles le 5. Juillet 1706.

COPIES DES DEUX ACTES CAPITULAIRES DU CHAPITRE DE
Nôtre-Dame de Provins, contenant fa foumiffion de fe rapporter fur toutes leurs contestations avec le Chapitre de S. Quiriace au Jugement Arbitral de Monfieur Bignon.

19. Septembre 1712.

LE Chapitre a arresté que pour regler les procès & contestations qu'il a avec le Chapitre de Saint Quiriace, il en fera paffé par l'avis & Jugement Arbitral de Monfeigneur Bignon Confeiller d'Eftat, Intendant de la Generalité de Paris, & députera au premier jour pour aller fuplier Mondit Seigneur Bignon d'en accepter la Soumiffion, & pour paffer compromis avec Meffieurs de S. Quiriace, même confent que le prefent acte tienne lieu de compromis fur toutes lefdites contestations.

11. Décembre 1715.

LE Chapitre expliquant, en tant que befoin est, l'acte Capitulaire du 19. Septembre 1712. & y augmentant, declare qu'il s'est rapporté & rapporte fur tous les procès & contestations qu'il a avec le Chapitre de S. Quiriace pour quelques droits, demandes & contestations que ce puiffe estre, circonstances & dépendances, fans referve à la décifion, avis & jugement Arbitral de Monfeigneur Bignon Confeiller d'Eftat, Intendant de la Generalité de Paris, qui a eu la bonté d'en accepter la Soumiffion pour rendre par luy fon jugement fur les pieces & écritures mifes en fes mains lorfqu'il le fouhaittera. Lequel jugement ledit Chapitre s'oblige d'executer, & confent des à prefent qu'il foit paffé Arrest d'homologation dudit jugement, & que Mondit Seigneur Bignon faffe à cet effet tout ce qu'il trouvera à propos.

COPIE DE L'ARREST DU CONSEIL D'ESTAT DU
6 Aoust 1717. portant homologation de l'avis de Monfieur Bignon.

EXTRAIT DES REGISTRES DU CONSEIL D'ESTAT.

VEU par le Roy eftant en fon Conseil les Memoires & pieces refpectivement produits par le Chapitre de l'Eglife Collegiale de S. Quiriace de la Ville de Provins d'une part, & le Chapitre de l'Eglife Collegiale de Nôtre-Dame du Val de la même Ville d'autre

part, au sujet des contestations qui sont entre eux depuis plusieurs années pour là préseance &
les honneurs du Clergé de ladite Ville, sur quoy lesdits Chapitres auroient consenti de s'en
rapporter à l'avis du Sieur Bignon, Intendant de la Generalité de Paris, & Commissaire de-
party pour l'execution des ordres de Sa Majesté, & que son avis fût homologué par Arrest
du Conseil, si Sa Majesté le jugeoit à propos. VEU aussi les Actes Capitulaires des 19 & 21
Septembre 1712. 29. Novembre & 11. Décembre 1715. par lesquels lesdits Chapitres s'en
sont rapportez audit Sieur Bignon: Et son avis. OUY le Rapport, SA MAJESTE'
ESTANT EN SON CONSEIL. De l'avis de Monsieur le Duc d'Orleans Regent, &
conformément à l'avis dudit Sieur Bignon, a ordonné & ordonne qu'en l'absence du sieur Abbé
de S. Jacques de Provins, ou lorsqu'il ne sera pas Prêtre, le droit de porter la parole pour le
Clergé, au Roy, à la Reine, aux Princes, & aux personnes qualifiées qui passeront par la Ville de Provins, appartiendra au Doyen de S. Quiriace, & en son absence au premier du même
Chapitre, lequel Chapitre sera tenu néanmoins de faire sçavoir par un député de son Corps au
Doyen, ou en son absence à celuy qui se trouvera le premier du Chapitre de Nôtre-Dame,
qui sera celuy du Chapitre de S. Quiriace qui portera la parole. Ordonne pareillement Sa
Majesté qu'en l'absence dudit sieur Abbé de S. Jacques, ou lorsqu'il ne sera pas Prêtre, les
convocations des députez du Clergé, pour déliberer sur l'execution des Mandemens des
Archevesques de Sens touchant les prieres & céremonies publiques se feront par le Chapitre
de S. Quiriace, & que les assemblées se tiendront dans le Chapitre de ladite Eglise, à laquelle assemblée le Doyen de S. Quiriace présidera, ou en son atsence, le premier du même
Chapitre, par ordre du Tableau, lequel sera pareillement tenu de faire sçavoir par un
Deputé de son Corps au Chef du Chapitre de Nôtre-Dame, qui sera celuy du Chapitre de
S. Quiriace qui présidera. Ordonne Sa Majesté que dans les céremonies publiques & extraordinaires qui de temps immemorial se font dans l'Eglise de S. Quiriace, comme les obse-
ques des Rois & autres, Le Te Deum, les ouvertures de Jubilez, la procession de l'assomption de la Vierge, & autres céremonies semblables où il conviendra de porter Chape,
le Chapitre de Saint Quiriace aura un Chanoine du côté droit, & celuy de Nôtre-Dame un
Chanoine du côté gauche, ayant entre eux le Chantre de S. Quiriace; que le Graduel sera
chanté par deux Vicaires, l'un de S. Quiriace à droite, l'autre de Nôtre-Dame à gauche; &
à l'égard de l'alleluia ou du Trait, ils seront chantez par le Prevost, ou par le Trésorier de S.
Quiriace, ou par le premier dudit Chapitre en leur absence suivant l'ordre du Tableau, qui
sera pour lors assisté de deux Chanoines, l'un de S. Quiriace à droite, l'autre de Nôtre-Dame
à gauche. La Seance du Chapitre de Nôtre-Dame dans ladite Eglise de S. Quiriace luy estant
conservé à gauche comme par le passé. Veut Sa Majesté que dans quelque Eglise que le Clergé
de Provins soit assemblé, lorsqu'il y aura prédication, la Benediction du Predicateur ap-
partienne au Doyen de S. Quiriace, ou en son absence au premier dudit Corps; à l'exception
néanmoins des céremonies pour lesquelles le Clergé sera assemblé dans l'Eglise de Nôtre-
Dame, où il y aura prédication dans la même Eglise, auquel cas le Doyen, ou en son absence
le premier du Chapitre de Nôtre-Dame donnera la Benediction au Prédicateur au coin du
Grand Autel, sans que le Doyen ou autre du Corps de S. Quiriace la puisse donner dans la
Nef de ladite Eglise de Nôtre-Dame. Ordonne Sa Majesté que l'entonnation du Te Deum
appartiendra au Doyen de S. Quiriace, ou en son absence au premier dudit Chapitre, & que
pendant la Ceremonie le Chantre de S. Quiriace tiendra le Chœur accompagné de deux
Chanoines l'un de S. Quiriace à la droite, l'autre de Nôtre-Dame à la gauche. Que les
prieres de Quarante Heures s'ouvriront, & se feront dans l'Eglise de Nôtre-Dame suivant
l'ordre qui sera prescrit par les Mandemens des Archevèques de Sens. Veut Sa Majesté que
lors de la Procession Solemnelle du jour de l'Assomption de la Vierge en execution du vœu du
Roy Loüis XIII. d'Heureuse Memoire, le Clergé s'assemble suivant la Coûtume dans
l'Eglise de Nôtre-Dame pour de-là aller processionnellement à celle de S. Quiriace, y faire la
ceremonie, pendant laquelle le Chapitre de S. Quiriace aura à droite un Chanoine revêtu de
Chape, & le Chapitre de Nôtre-Dame un Chanoine aussi revêtu de Chape à gauche,
lesquels Chanoines entonneront ensemble l'antienne Sub tuum presidium, ayant entre eux le
Chantre de S. Quiriace, & le Chapitre de Nôtre-Dame conservant ses places au côté
gauche du Chœur, & qu'après la ceremonie achevée, les Litanies de la Vierge ou des Saints
soient entonnées par deux Vicaires, l'un de S. Quiriace à droite, l'autre de Nôtre-Dame à
gauche: Et que toutes les fois que le Clergé ira processionnellement à l'Eglise de S. Quiriace
il s'assemble dans celle de Nôtre-Dame. Et à l'égard des processions qui se faisoient autrefois
respectivement de Nôtre-Dame à S. Quiriace le premier de May, & de S. Quiriace à
Nôtre-Dame

*Nôtre-Dame le 15. Aoust qui ont esté discontinuées depuis plusieurs années, l'intention de Sa
Majesté est qu'elles ne soient rétablies que du mutuel consentement des deux Chapitres avec
l'agrément du sieur Archevêque de Sens. Ordonne Sa Majesté que l'administration des
Sacremens aux Ecclesiastiques qui possederont en même temps des Benefices dans l'un & dans
l'autre des Chapitres de S. Quiriace & de Nôtre-Dame en quelqu'endroit de la Ville de
Provins qu'ils soient malades, & l'inhumation desdits Ecclesiastiques en quelqu'endroit de
la Ville de Provins qu'ils decedent, appartiendront au Chapitre de S. Quiriace, à l'exception
néanmoins de ceux desdits Ecclesiastiques qui demeureroient dans le Cloitre de Nôtre-Dame
qui seront administrés, & inhumez par le Chapitre de Nôtre-Dame, à moins qu'ils ne
soient en même temps habituez de la Paroisse de S. Ayoul, auquel cas l'administration, &
l'inhumation appartiendront audit Chapitre de S. Quiriace. Et sera le present Arrest
executé nonobstant toutes oppositions, dont si aucunes interviennent, Sa Majesté s'est reservé
la connoissance, & icelle interdite à toutes ses Cours & Juges. Fait au Conseil d'Estat du
Roy Sa Majesté y estant tenu à Paris le sixième jour du mois d'Aoust mil sept cent dix-sept.
Signé* PHELIPEAUX. *avec paraphe.*

---

*COPIE D'UNE LETTRE ECRITE PAR MONSEIGNEUR
le Chancelier au sujet de l'opposition que le Chapitre de Nôtre-Dame de
Provins fit pour empêcher que ledit Arrest ne fût scellé.*

à Paris ce 6. Septembre 1717.

JE n'ay pas jugé à propos de suspendre, comme vous me l'avez demandé par vôtre
Lettre du 16. Aoust dernier, le Sceau de l'Arrest qui regle des contestations entre
vôtre Chapitre & celuy de S. Quiriace de Provins. Vous pouvez vous pourvoir par
les voyes de droit contre cet Arrest si vous croiez qu'il vous fasse préjudice. *Signé*
DAGUESSEAU.

---

*Copie de la Requeste d'opposition audit Arrest, presentée au Roy par le Cha-
pitre de Nostre-Dame de Provins, dans laquelle ils ont expliqué leurs
griefs au fond.*

AU ROY

SIRE

Les Doyen, Chanoines & Chapitre de l'Eglise Royale & Collegiale de Nostre-
Dame du Val de Provins, remontrent très-humblement à VOSTRE MAJESTE',
qu'il y a dans la Ville de Provins, deux Chapitres très-anciens & indépendans l'un
de l'autre ; l'un est le Chapitre de Saint Quiriace dans la Ville haute ; & celuy de
Nostre-Dame, dans la Ville basse, & que l'on nomme à cause de sa situation Nôtre-
Dame du Val.

Ces deux Chapitres ont eu depuis long-temps des contestations au sujet de leurs
rangs & de leurs prérogatives ; tant au Bailliage de Provins qu'au Parlement de

Paris, & au Conseil de VOSTRE MAJESTE'. Et il est même necessaire d'observer, que par un dernier Arrest du Conseil, toutes ces contestations ont esté renvoyées au Bailliage de Provins pour y estre reglées, & par appel au Parlement de Paris.

Mais dans la suite les Parties ayant trouvé à propos de s'en rapporter à l'avis de Monsieur Bignon, Conseiller d'Estat, Intendant de la Generalité de Paris; les Supplians signerent deux Actes capitulaires, les 19. &⸺. Septembre 1712. par forme de compromis, par lesquels ils déclarerent qu'ils se rapportoient sur tous les procez & les contestations qu'ils avoient avec le Chapitre de Saint Quiriace, pour quelques droits, demandes & contestations que ce pût estre, circonstances & dépendances, sans aucune reserve, à la décision, avis & Jugement arbitral de Monsieur Bignon Conseiller d'Estat, qui en avoit accepté la soumission, pour rendre par luy son Jugement arbitral, sur les pieces & écritures mises en ses mains, lorsqu'il le souhaiteroit, lequel Jugement & avis, les Supplians s'obligerent d'executer, & consentirent qu'il fût passé Arrest en conformité dudit Jugement, & que mondit sieur Bignon fit à cet effet tout ce qu'il jugeroit à propos.

En consequence de ce compromis, les Supplians ont mis entre les mains de Monsieur Bignon les Memoires de leurs prétentions, avec les pieces justificatives; & le Chapitre de Saint Quiriace en a fait autant; & sur la communication de ces pieces, Monsieur Bignon au lieu de rendre un Jugement arbitral en la maniere accoûtumée, a fait rendre un Arrest au Conseil d'Estat de VOSTRE MAJESTE' le 6. Aoust 1717. comme s'il avoit esté nommé par Vostre Majesté, pour rapporter les contestations des Parties & qu'elles eussent esté instruites au Conseil.

Mais comme le Jugement arbitral de Monsieur Bignon est aussi irregulier au fond que l'Arrest l'est dans la forme, les Supplians se trouvent obligez d'en interjetter appel, & de former opposition audit Arrest.

Les moyens d'opposition à l'Arrest, se presentent d'eux mêmes. 1°. Il est constant que quand des Parties passent un compromis entre elles pour faire juger leurs contestations par un arbitre, quelques clauses qu'elles puissent y inserer, cela ne peut donner au Jugement arbitral que l'effet d'un premier Jugement; c'est-à-dire, quoyqu'il soit précisément convenu qu'il sera passé Arrest de ce qui sera décidé par l'arbitre, ou bien qu'on s'en rapporte à son avis comme à un Arrest du Parlement ou du Conseil, cela ne peut jamais oster la faculté à la Partie, qui se trouve lezée par le Jugement arbitral d'en interjetter appel, parce que les Parties ne peuvent pas avoir l'autorité de rendre un arbitre Juge souverain. C'est pourquoy l'appel de ces sortes de Jugemens est toûjours receu, & les Parties ne peuvent estre obligées à en consentir l'exécution, que par les peines qui sont ordinairement stipulées contre celle qui ne voudra pas acquiescer: ainsi de quelque maniere que Monsieur Bignon ait trouvé à propos de rendre son Jugement arbitral, il n'y a pas de difficulté que les Supplians ne soient en estat d'en interjetter appel; & par la même raison de former opposition à l'Arrest, par lequel il en a fait ordonner l'homologation: puisqu'autrement, & si cet Arrest subsistoit, on osteroit aux Supplians une voye de droit qui leur appartient, pour se pourvoir contre l'avis qui a esté rendu.

2°. Il paroist par la lecture de cet Arrest, qu'il a esté rendu de la même maniere que tous les Arrests se rendent au Conseil sur les contestations qui y sont pendantes entre les Parties & qui y ont esté instruites; cependant les Parties n'estoient pas en instance au Conseil sur leurs contestations; au contraire, elles avoient esté renvoyées au Bailliage de Provins pour y proceder, & de-là par appel au Parlement de Paris. Les compromis ne portent pas même qu'il seroit passé Arrest au Conseil, conformément à l'avis de Monsieur Bignon; ce qu'elles n'avoient pas pû même stipuler; puisqu'il ne dépend pas des Parties de se pourvoir pardevant tels Juges qu'ils trouvent à propos, & qu'il faut suivre l'ordre des Jurisdictions, ce qui doit sans doute avoir encore plus lieu entre des Ecclesiastiques, & pour des matieres spirituelles comme celle dont il s'agit, que les seuls Juges Ecclesiastiques ont droit de juger, suivant l'article 34. de l'Edit de 1695. concernant la Jurisdiction Ecclesiastique: ainsi cet Arrest est absolument irregulier dans la forme.

Mais enfin, quand cet Arrest seroit regulier dans la forme, l'opposition des Supplians n'en seroit pas moins recevable; parce que cet Arrest ne peut jamais passer que pour un Arrest d'homologation du Jugement arbitral de Monsieur Bignon;

ce qui eſt ſi vray, que dans le veu de cet Arreſt, il eſt préciſément marqué que les Parties avoient conſenti de s'en rapporter à ſon avis, & que ſon avis fût homologué par Arreſt : & c'eſt un principe conſtant, que l'on eſt toûjours recevable à former oppoſition à de pareils Arreſts. Il n'y a donc pas de difficulté que l'oppoſition des Supplians ne ſoit bien fondée dans la forme. Il faut à preſent faire voir qu'au fond, le Jûgement arbitral qui a eſté rendu par Monſieur Bignon, & qui a eſté homologué par cet Arreſt ne peut pas ſe ſoûtenir.

Pour cela il eſt neceſſaire d'expliquer quels ſont les differens chefs de conteſtations qui ſont entre les Parties.

Par le premier, les Supplians demandent dans les cérémonies l'alternative avec le Chapitre de Saint Quiriace, de dignité à dignité, & d'ancienneté à ancienneté; c'eſt-à-dire que dans les occaſions qui peuvent ſe préſenter pour haranguer le Roy, la Reyne, les Princes & les perſonnes qualifiées qui paſſent dans la Ville de Provins, en laiſſant la preference au Doyen du Chapitre de Saint Quiriace, celuy de Noſtre-Dame en ſon abſence portera la parole; & qu'au deffaut de l'un & de l'autre Doyen, & de la ſeconde perſonne du Chapitre de Saint Quiriace, la parole ſoit portée par la ſeconde perſonne du Chapitre de Noſtre-Dame, ainſi du reſte, ſi mieux n'aiment les Sieurs de Saint Quiriace laiſſer les choſes comme par le paſſé, & que chaque Chapitre faſſe ſa Harangue ſéparément.

Par le ſecond chef, les Supplians demandent que dans les Aſſemblées en cas d'abſence du Doyen de Saint Quiriace, elles ſe tiendront dans la maiſon de celuy de Noſtre-Dame, lequel en ce cas préſidera en l'Aſſemblée, ſi mieux n'aime le Chapitre de Saint Quiriace, conformément à l'ancien uſage, que l'Aſſemblée ſe faſſe en l'Hoſtel de Ville de Provins, & même en tout autre lieu neutre, qui ſera fixé par l'Arreſt qui interviendra; ſi mieux auſſi le Chapitre de Saint Quiriace n'aime après que le Clergé & la Ville auront reçû les Ordres de leurs Superieurs, pour les prieres publiques, que ſans aucune convocation préalable, que le Chapitre de Noſtre-Dame ſe rende dans l'Egliſe de S. Quiriace le premier Dimanche, ou jour de Feſte, qui ſuivra immédiatement les Ordres ſur les quatre heures après midy, pour le *Te Deum*. Et à l'égard des Services qui demanderont quelques préparatifs, quinzaine après la reception deſdits Ordres, ou le premier jour ſuivant non ferié ſur les dix heures du matin; & pour les ouvertures du Jubilé, que l'Aſſemblée du Clergé ſe fera ſuivant l'uſage immemorial en l'Egliſe de Noſtre-Dame ſur les dix heures du matin : & qu'en cas que le Chapitre de Saint Quiriace refuſe de ſe rendre à cet effet en ladite Egliſe de Noſtre-Dame, le Chapitre de Noſtre-Dame fera l'ouverture du Jubilé, comme il s'eſt pratiqué au même cas de refus.

3°. Les Supplians ſoûtiennent que le Chapitre de Noſtre-Dame, doit continuer ſuivant l'ancien uſage, de porter dans l'Egliſe de Saint Quiriace dans toutes les cérémonies ordinaires & extraordinaires, la Chappe au coſté gauche, pendant qu'un Chanoine de Saint Quiriace la portera au coſté droit; qu'à l'égard du Graduel, il ſera chanté dans ladite Egliſe de Saint Quiriace, par un Vicaire ou Chapelain de ladite Egliſe, qui occupera le coſté droit, cumulativement avec un Vicaire ou Chapelain de Noſtre-Dame, qui occupera la gauche : & quant à l'Alleluïa ou Trait, ſuivant le temps, il ſera chanté dans ladite Egliſe de Saint Quiriace, par le Prevôt ou Treſorier de ladite Egliſe, cumulativement avec le Prevoſt de Noſtre-Dame, chaque dignité accompagnée d'un Chanoine de ſon Chapitre; & qu'au ſurplus, le Chapitre de Noſtre-Dame continuera d'avoir la ſcéance au coſté gauche dans l'Egliſe de Saint Quiriace.

4°. Que conformément à l'ancien uſage, le Doyen de Saint Quiriace, ou en ſon abſence celuy qui le repreſentera donnera la benediction au Predicateur dans l'Egliſe de Saint Quiriace ſeulement; & que le Doyen de Noſtre-Dame ou celuy qui le repreſentera, la donnera ſuivant l'ancien uſage dans l'étenduë du détroit, pour les fonctions Eccleſiaſtiques de Noſtre-Dame ſeulement.

5°. Que les cérémonies du *Te Deum*, d'Antiennes & de toutes autres choſes qui peuvent eſtre recitées par deux perſonnes enſemble, continueront ſuivant le même ancien uſage, de ſe faire cumulativement dans quelque Egliſe que ce ſoit, par les deux Doyens de Saint Quiriace & de Noſtre-Dame, ou par ceux qui les repreſenteront en leurs abſences; mais qu'arrivant des Oraiſons ou Collectes, qui ne peuvent eſtre recitées que par un ſeul, elles ſeront dites ſuivant le même ancien uſage, par le Doyen de Saint Quiriace dans l'étenduë du détroit, pour les fonctions Ecclefiaſtiques de ſon Chapitre ſeulement, & par le Doyen de Noſtre-Dame dans l'étenduë du détroit, pour les fonctions Eccleſiaſtiques de ſon Chapitre ; ou en cas d'abſence des Doyens, par ceux qui les répreſenteront reſpectivement.

6°. Que le Chapitre de Noſtre-Dame du Val, commencera les prieres de qua-rante heures aux jours qui luy feront indiquez par les Mandemens des Seigneurs Ar-chevêques de Sens, indépendamment de ce qui ſe fera dans l'Egliſe de S. Quiriace.

7°. Que ſuivant l'ancien uſage, le Chapitre de Saint Quiriace ſe rendra en l'E-gliſe de Noſtre-Dame du Val le jour de l'Aſſomption de la Vierge, à l'iſſuë des Veſpres, ainſi que font tous les Corps Eccleſiaſtiques & politiques de la Ville de Provins, pour de-là aller proceſſionnellement en l'Egliſe de Saint Quiriace, où ſe fera la ſtation accoûtumée, après laquelle ſtation, les deux Choriſtes de Saint Qui-riace & de Noſtre-Dame, commenceront dans le Chœur de Saint Quiriace les Li-tanies de la S. Vierge, qu'ils continueront juſqu'à la grande Porte de ladite Egliſe de S. Quiriace, où l'on ſe ſeparera en faiſant les ſalutations ordinaires & reciproques.

8°. Que ſelon l'ancien uſage, le Chapitre de Noſtre-Dame ira proceſſionnellement en l'Egliſe de Saint Quiriace ſur les dix heures du matin, le premier May de chaque année jour de la principale Feſte de Saint Quiriace, dans laquelle Egliſe ledit jour ſeulement, le Doyen de Noſtre-Dame perſonnellement occupera la Chaiſe ou Stal du Doyen de Saint Quiriace ; laquelle premiere place, le Doyen de Noſtre-Dame continuëra d'occuper juſqu'à la ſortie de l'Egliſe de S. Quiriace, le Chapitre de Nô-tre-Dame demeurant cependant toûjours du coſté gauche.

9°. Que reciproquement ſuivant l'ancien uſage, le Chapitre de Saint Quiriace ſe rendra proceſſionnellement ſur les dix heures du matin à l'Egliſe de Noſtre-Da-me du Val le jour de l'Aſſomption de la Vierge, où le Doyen & le Chapitre de S. Quiriace occuperont le coſté droit ; & dans laquelle Egliſe de Noſtre-Dame, la Meſſe ſera celebrée par le Doyen de Noſtre-Dame, ou par autre député du Cha-pitre en cas d'abſence ou legitime empêchement du Doyen, le Celebrant accom-pagné des Diacres & ſous Diacres de ſon Chapitre, ladite Meſſe chantée par les ſuſdits Chanoines, Beneficiers & Vicaires de ladite Egliſe.

10°. Enfin, que ſelon l'ancien uſage le Chapitre de Noſtre Dame continuera d'adminiſtrer les Sacremens aux Chapelains de ſon Egliſe qui demeureront malades dans le détroit dudit Chapitre, & de leur donner la ſepulture ; & cela quoyque leſdits Chapelains de Noſtre-Dame le ſoient auſſi en même temps de S. Quiriace; lequel détroit de Noſtre-Dame pour les fonctions Eccleſiaſtiques, eſt ſeparé de ce-luy de Saint Quiriace par la Riviere d'Urtain.

Tous ces differens Chefs de demandes ſont fondez ſur un principe conſtant & indubitable, que les deux Chapitres de S. Quiriace & de Nôtre-Dame eſtant in-dépendans l'un de l'autre, & n'ayant aucun titre en particulier ſur lequel ils puiſ-ſent appuyer leurs prérogatives l'un au-deſſus de l'autre, il n'y a pas de raiſon pour donner plûtoſt la preference à l'un qu'à l'autre ; & ſi les Supplians veulent bien paſſer au Doyen de S. Quiriace la preference ſur le Doyen de Nôtre-Dame, dans certains cas où tous les deux ne peuvent point agir en même temps, ce n'eſt qu'une déference qu'ils ont pour luy ſans la luy devoir, & pour le bien de la paix ; mais cela ne peut pas préjudicier à leurs droits, avec d'autant plus de raiſon, que par l'Arreſt du Conſeil du 24. Septembre 1683. dans le deuxiéme Chef les Doyens des deux Chapitres ſont mis en parallele comme ayant une égale Dignité.

Et l'alternative que les Supplians demandent, peut eſtre ſi peu conteſtée, que dans les défilez il eſt d'uſage conſtant que les deux Chapitres ſe croiſent, & que le Doyen de Nôtre-Dame paſſe immediatement après celuy de S. Quiriace, s'il eſt preſent, & s'il eſt abſent, toutes les Dignitez & Chanoines du Chapitre de S. Quiriace paſſent au-deſſous du Doyen du Chapitre de Noſtre-Dame qui ſe trou-ve alors le premier du Clergé, & ainſi de tous les autres.

Mais au ſurplus, ſi le Chapitre de S. Quiriace, contre toute apparence de rai-ſon, veut ſoûtenir, comme il a fait ſur le premier Chef, qu'au deffaut de ſon Doyen, celuy qui le ſuit doit porter la parole aux Princes & autres perſonnes, à l'exclu-ſion du Doyen de Noſtre-Dame, les Supplians offrent de s'en tenir à l'uſage qui a toûjours eſté obſervé, ainſi que le Chapitre de S. Quiriace l'a luy-même reconnu dans ſon Factum contre l'Abbé & les Religieux de S. Jacques dudit Provins, page 5. dudit Factum : c'eſt-à-dire que chaque Chapitre harangue dans ſon particulier, comme il s'eſt pratiqué lorſque le feu Roy Louis XIV. paſſa à Provins au mois de

Février

Février 1678. pour aller à Gand, & au mois d'Octobre 1681. pour aller à Straſbourg en l'année 1685. quand Monſeigneur le Dauphin y paſſa en revenant de Philiſbourg, & en l'année 1704. lorſque Monſeigneur le Duc de Bourgogne alla à Briſac, & toutes les fois que Monſieur l'Archevêque de Sens eſt venu à Provins.

Quoique la demande des Supplians fut des plus regulieres à cet égard, néanmoins il a plû à Monſieur Bignon, par ſon jugement arbitral, d'accorder au Doyen du Chapitre de S. Quiriace le droit de porter la parole, & en ſon abſence au premier du Chapitre, lequel Chapitre ſeroit neanmoins tenu de faire ſçavoir par un deputé de ſon Corps au Doyen de Noſtre-Dame, ou en ſon abſence, au premier du même Chapitre qui ſeroit celuy du Chapitre de S. Quiriace qui porteroit la parole.

Certainement cette déciſion n'eſt fondée ſur aucune raiſon ; puiſqu'encore une fois ces deux Chapitres eſtant indépendans l'un de l'autre, & celuy de S. Quiriace n'ayant aucun titre qui luy donne le droit de Haranguer les Princes à l'excluſion de celuy de Noſtre-Dame, c'eſt une grace qui luy eſt accordée de luy laiſſer la parole à l'excluſion du Doyen de Noſtre-Dame ; mais cette grace ne peut pas former un droit en faveur des Chanoines de ce Chapitre, au préjudice du Doyen de Noſtre-Dame, des Dignitez & Chanoines de ladite Egliſe, quand celuy de S. Quiriace eſt abſent, avec d'autant plus de raiſon, comme on l'a remarqué, que par l'Arreſt de 1683. les deux Chapitres ſont mis en parallele ; & que par celuy de 1677. le droit de porter la parole appartient à celuy qui ſe trouve le premier du Clergé, & non aux Corps des Chapitres, qui pour lors ne font plus qu'un ſeul & même corps, qui s'appelle le Clergé de Provins ; & que d'ailleurs il eſt d'un uſage conſtant que les deux Chapitres ſe croiſent dans les défilez où le Doyen de Noſtre-Dame a toûjours le pas ſur tout le corps de S. Quiriace, quand le Doyen de ce Chapitre eſt abſent, comme il s'eſt encore pratiqué le jour de l'Aſſomption derniere à la Proceſſion generale, en execution du vœu du feu Roy Loüis XIII. où le Doyen de Noſtre-Dame eut le pas dans l'Egliſe même de S. Quiriace, le Doyen de cette Egliſe s'étant trouvé abſent. Il n'en eſt pas de même des Paroiſſes & Religieux qui défilent les uns ſur les autres ſans ſe croiſer : ainſi il étoit de la regle, ou d'ordonner du moins qu'en l'abſence du Doyen de S. Quiriace, celuy de Nôtre-Dame porteroit la parole ; & en cas d'abſence des deux Doyens, le premier du Clergé, de quelque corps qu'il ſoit, harangueroit, ou bien laiſſer les choſes comme elles ſe ſont pratiquées de temps immemorial ; c'eſt-à-dire ordonner que les deux Chapitres feroient leurs harangues en particulier & ſéparément. Voila donc un premier grief que les Supplians propoſent contre le jugement de Monſieur Bignon.

Le deuxiéme grief s'établit par les mêmes moyens. Car ſi le Doyen de Noſtre-Dame eſt en droit de porter la parole en l'abſence de celuy de S. Quiriace, comme on vient de le faire voir, il eſt auſſi indubitable que c'eſt en ſa maiſon que les Aſſemblées doivent ſe tenir, & qu'il y doit preſider en cas d'abſence ou empêchement du Doyen de S. Quiriace, ou bien qu'il falloit ordonner que les Aſſemblées ſe tiendroient en l'Hoſtel de Ville, comme il eſt d'uſage depuis un temps immemorial ; ce qui eſt prouvé par les dépoſitions des premier, 2. 3. 12. 19. 20. 21. 22. 25. 28. & 31e témoins, de l'enqueſte faite par leſdits ſieurs du Chapitre de Saint Quiriace le 16. Novembre 1676. & même par le Factum du Chapitre dudit S. Quiriace, page 5.

Cependant par le jugement arbitral, il a eſté ordonné que les Aſſemblées ſe tiendront toûjours dans le Chapitre de l'Egliſe de S. Quiriace ; que les convocations ſe feront par le même Chapitre, & que ce ſera toûjours le Doyen ou le plus ancien de la même Egliſe qui préſidera aux Aſſemblées, ce qui eſt contraire à toutes ſortes de raiſons, puiſque les deux Chapitres ſont abſolument indépendans l'un de l'autre ; que celuy de S. Quiriace n'a aucune juriſdiction ſur celuy de Nôtre-Dame, comme il l'a même reconnu par une Tranſaction du 4. Mars 1659. ni aucun titre qui luy donne cette preference ſur celuy de Nôtre-Dame, & que d'ailleurs cela eſt contraire aux Arreſts des années 1677. & 1683. & à l'uſage qui s'eſt pratiqué dans tous les temps, comme on vient de l'obſerver. Ainſi le jugement arbitral doit encore eſtre infirmé en ce Chef.

Sur le troiſiéme Chef, le jugement arbitral partage les honneurs du Chœur dans l'Eglise de S. Quiriace entre les deux Chapitres, de la maniere qu'ils en ont toûjours joüi reciproquement ; si ce n'eft qu'il ordonne que l'*Alleluia* ou le Trait feront chantez par le Prevoft ou Treforier de S. Quiriace, ou par l'ancien du Chapitre, fans ajoûter conjointement avec le Prevoft ou l'ancien Chanoine de Nôtre-Dame, ce qui devoit eftre ordonné, puifque le Graduel doit eftre chanté conjointement par deux Vicaires des deux Chapitres, & que les Supplians partagent tous les autres honneurs du Chœur avec le Chapitre de S. Quiriace. Ainfi il y a auffi lieu en infirmant le jugement arbitral à cet égard, d'ordonner que le Trait ou l'*Alleluia* fera chanté par les deux Prevofts des deux Chapitres.

Le jugement arbitral fait un quatriéme grief aux Supplians, en ce qu'il ordonne que le Doyen de S. Quiriace donnera la benediction au Prédicateur dans quelque Eglife que le Clergé de la Ville de Provins foit affemblé, à l'exception feulement de celle de Noftre-Dame ; où il eft dit par le jugement arbitral, que le Doyen de Noftre-Dame, ou en fon abfence le premier du Chapitre de Noftre-Dame, donnera la Benediction au Prédicateur au coin du Grand Autel : car le détroit pour les fonctions Ecclefiaftiques des deux Chapitres eft feparé ; celuy de S. Quiriace s'étend dans la Haute Ville, & celuy de Noftre-Dame dans la Baffe Ville. Ainfi il étoit de la regle d'ordonner que les Doyens ou les anciens des deux Chapitres donneroient la Benediction aux Prédicateurs chacun dans les Eglifes de leur détroit, puifque le Chapitre de S. Quiriace n'a pas plus de droit ni d'autorité dans l'étenduë du détroit de Noftre-Dame, que celuy de Noftre-Dame en a dans celuy de S. Quiriace, & qu'il n'a même jamais prétendu ce droit ailleurs que dans fon Eglife ; en quoy le jugement arbitral a adjugé fur ce Chef au Chapitre de S. Quiriace plus qu'il n'a demandé. Au furplus, les Supplians foûtiennent que l'on n'a pas dû marquer l'endroit d'où le Doyen de Noftre-Dame doit donner la Benediction au Prédicateur, comme par affectation le coin de l'Autel, puifqu'il n'y a pas eu de demande à cet égard.

Sur le cinquiéme Chef, le jugement arbitral doit auffi eftre reformé, en ce qu'il ordonne que l'entonnation du *Te Deum*, appartiendra au Doyen ou premier du Chapitre de S. Quiriace feul ; puifqu'étant certain que le Chapitre de Noftre-Dame partage les honneurs du Chœur avec celuy de S. Quiriace dans les Affemblées, l'entonnation du *Te Deum*, doit appartenir cumulativement aux deux Doyens, ou aux deux premiers des deux Chapitres dans quelque Eglife que ce foit, ainfi qu'il eft d'ufage, & les Oraifons ou Collectes qui ne peuvent eftre recitées que par un feul au Doyen de S. Quiriace dans fon détroit, & au Doyen de Noftre-Dame dans le détroit de fon Chapitre, comme cela s'eft toûjours obfervé.

Sur les 8. & 9e Chefs, le jugement arbitral ordonne que les Proceffions qui fe faifoient autrefois regulierement de Noftre-Dame à S. Quiriace le premier du mois de May, & de S. Quiriace à Noftre-Dame le 15. du mois d'Aouft, & qui ont efté difcontinuées pendant quelques années, ne feront rétablies que du mutuel confentement des deux Chapitres, avec l'agrément de Monfeigneur l'Archevêque de Sens.

Le jugement arbitral fait à cet égard un grief très-fenfible & très important aux Supplians, & fa difpofition fuffit pour prouver une affectation que l'on a eu pour les dépoüiller de tous leurs droits contre toutes fortes de raifons en faveur du Chapitre de S. Quiriace.

On a expliqué ci-deffus, que dans ces Proceffions dont l'établiffement eft de temps immemorial, le Doyen de Noftre-Dame doit occuper la Chaife ou Stal du Doyen de S. Quiriace. Cela eft prouvé par l'enquefte même de ce Chapitre du 5. May 1654. par le 12. 13. & 14e témoins, par celle du 21. Février 1657. par le 2. 17. 23. 24. 26. 28. 29. 33. 36. 37. 38. 39. 40. 45. & 46e témoins, & par celle du 16. Novembre 1676. 30e & dernier témoin.

La même chofe eft encore prouvée par l'enquefte du Chapitre de Noftre-Dame du 25. Janvier 1657. par le premier, 2. 3. 4. 5. 10. 11. 12. 18. 19. 21. 22. 24. 25. 27. & 30e témoins, & par deux procès verbaux des premier May 1685. & premier May 1686. cependant il a plû à Monfieur Bignon, fur ce que ces Proceffions ont efté interrompuës depuis quelques années par les conteftations du Chapitre de S. Quiriace, d'ordonner qu'elles ne feront rétablies que du confentement mutuel des deux Chapitres, ce qui n'arriveroit jamais ; parce que le jour de S.

Quiriace, le Doyen de Noſtre Dame eſtant au-deſſus du Chapitre de S. Quiriace par la place qu'il occupe, & ſe trouvant par ce moyen à la teſte de tout le Clergé, c'eſt une preuve qu'il n'eſt point inferieur à celuy de S. Quiriace, & en même temps qu'il doit avoir les mêmes honneurs & la même préference que luy en cas d'abſence ou d'empêchement ; & c'eſt ce que l'on a voulu éviter de prononcer. Et comme ce chef eſt encore contraire à ce qui s'eſt pratiqué dans tous les temps, & que d'ailleurs Monſieur Bignon a trouvé à propos d'admettre dans le jugement arbitral la diſpoſition dont il s'agit, ſans qu'il y eut aucune conteſtation entre les Parties, pour raiſon de la continuation de la Proceſſion, il ne peut pas encore y avoir de difficulté de reformer le jugement en ce chef.

Enfin le jugement arbitral fait un dernier grief aux Supplians ; en ce qu'il ordonne que le Chapitre de S. Quiriace adminiſtrera les Sacremens aux Eccleſiaſtiques qui poſſederont des Benefices dans l'une & l'autre Egliſe en quelqu'endroit de la Ville qu'ils ſoient malades, & que l'inhumation luy en appartiendra auſſi, à l'exception de ceux qui demeurent dans le Cloiſtre de Noſtre-Dame.

On ne peut pas certainement comprendre ſur quelle raiſon Monſieur Bignon a encore fondé ſa déciſion en ce chef : car dès que les Chapitres ont un détroit de Territoire ſeparé, comme il eſt juſtifié par deux Arreſts du Parlement de Paris, des 8. May 1654. & 30 Avril 1655. qui ont fait des deffenſes reſpectives aux deux Chapitres d'aller en Proceſſion hors de leur détroit, & que ce détroit eſt ſeparé par la riviere d'Urtain. Il eſt inconteſtable que l'on n'a pas dû attribuer au Chapitre de S. Quiriace le droit d'adminiſtrer les Sacremens, & d'inhumer les corps des Beneficiers qui decedent, ſi ce n'eſt qu'à l'égard de ceux qui ſont dans leur détroit. D'ailleurs la prétention du Chapitre de Noſtre-Dame eſt juſtifiée.

1°. Par une Tranſaction du 9 Novembre 1366.

2°. Par une Sentence arbitrale.

3°. Par un Arreſt du 3. Septembre 1674. enfin il ſemble que Monſieur Bignon ait affecté de reſtraindre le droit du Chapitre de Noſtre-Dame ſur les Beneficiers qui demeureront dans le Cloiſtre de Noſtre-Dame, pour leur oſter par ce moyen la faculté d'adminiſtrer ces Beneficiers. Ce Cloiſtre ne contenant que quatorze Maiſons toutes occupées par les Chanoines, à la reſerve d'une ſeule occupée par un Chapelain de ladite Egliſe : ce Chapitre étant compoſé de dix-huit Chanoines & trois Dignitez, qui font en tout vingt-un Beneficiers, ayant en outre vingt-ſept Chapelains, ce qui fait le nombre de quarante-huit Beneficiers ; & ce jugement arbitral a même adjugé ſur ce chef au Chapitre de S. Quiriace plus qu'il n'a jamais demandé : car il n'a jamais pretendu eſtre en droit de donner les Sacremens, ni inhumer les Chanoines de Noſtre-Dame, mais ſeulement les Chapelains.

Quant aux autres chefs qui ſont rapportez ci-deſſus ; comme le jugement arbitral a accordé aux Supplians ce qu'ils ont demandé à cet égard, ils n'en feront point de mention ici.

A CES CAUSES, SIRE : Plaiſe à VOSTRE MAJESTE' recevoir les Supplians oppoſans à l'execution de l'Arreſt du Conſeil d'Etat du 6 Aouſt 1717. & appellans de l'avis & jugement arbitral du ſieur Bignon Conſeiller d'Etat, mentionné audit Arreſt. Ce faiſant, ſans avoir égard audit Arreſt & jugement arbitral, en donnant au Doyen de S. Quiriace la preference du conſentement des Supplians.

1°. Accorder aux Supplians l'alternative de dignité à dignité, & d'ancienneté à ancienneté ; & en conſequence qu'en l'abſence ou empêchement du Doyen de S. Quiriace, la parole ſera portée au Roy, à la Reine, aux Princes, & aux perſonnes qualifiées qui paſſeront par la Ville de Provins par le Doyen de Noſtre-Dame, & au deffaut des deux Doyens, & de la deuxième perſonne du Chapitre de S. Quiriace, par la ſeconde perſonne du Chapitre de Noſtre-Dame, ſi mieux n'aime VOSTRE MAJESTE' ordonner que chaque Chapitre faſſe ſes harangues ſéparément comme par le paſſé.

2°. Ordonner que dans les Aſſemblées, en cas d'abſence ou empeſchement du Doyen de S. Quiriace, elles ſe tiendront dans la maiſon du Doyen de Noſtre-Dame, lequel en ce cas préſidera auſdites Aſſemblées ; ſi mieux n'aime VOTRE MAJESTE', ordonner que les Aſſemblées ſe tiendront dans l'Hoſtel de Ville de Provins, ou en tout autre lieu neutre qui ſera marqué par l'Arreſt qui interviendra ; ou qu'après que le Clergé & la Ville auront reçûs les ordres de leurs Superieurs pour les prieres publiques ſans aucune convocation , les Suppliants ſe rendront dans l'Egliſe de S. Quiriace le premier Dimanche ou jour de feſte qui ſuivra immediatement leſdits ordres ſur les quatre heures après midy pour les *Te Deum*. Et à l'égard des ſervices qui demanderont quelques préparatifs, quinzaine après la reception deſdits Ordres, ou le premier jour ſuivant non ſerié ſur les dix heures du matin.

3°. Que dans les ceremonies où les Suppliants aſſiſteront dans l'Egliſe de S. Quiriace, l'*Alleluia* ou le Trait ſuivant le temps, ſeront chantez par le Prevoſt du Chapitre de cette Egliſe, conjointement avec le Prevoſt de Noſtre-Dame.

4°. Que les deux Doyens des deux Chapitres donneront la Benediction au Prédicateur chacun dans leur détroit, de la maniere que cela ſe pratique, & au lieu où il conviendra.

5°. L'entonnation des *Te Deum*, dans quelque Egliſe que ce ſoit, appartiendra cumulativement aux deux Doyens, & les Collectes ou Oraiſons qui doivent ſe chanter par un ſeul au Doyen de S. Quiriace dans ſon détroit, & à celuy de Nôtre-Dame dans le ſien.

6°. Que les Proceſſions qui ſe ſont toûjours faites les premiers jours de May & 15 Aouſt de chaque année, ſe feront comme par le paſſé; ce faiſant, que ſuivant l'ancien uſage, le Chapitre de Noſtre-Dame ira proceſſionnellement en l'Egliſe de S. Quiriace ſur les dix heures du matin le premier May de chaque année, jour de la principale feſte de S. Quiriace; dans laquelle Egliſe ledit jour ſeulement le Doyen de Noſtre-Dame perſonnellement occupera la Chaiſe ou Stal du Doyen de Saint Quiriace; laquelle premiere place ledit Doyen de Noſtre-Dame continuera d'occuper juſqu'à ſa ſortie de l'Egliſe de S. Quiriace, le Chapitre de Noſtre-Dame demeurant cependant toûjours du coſté-gauche.

Et reciproquement que ſuivant le même ancien uſage, le Chapitre de S. Quiriace ſe rendra proceſſionnellement ſur les dix heures du matin en l'Egliſe de Nôtre Dame du Val le jour de l'Aſſomption de la Vierge, où le Doyen & le Chapitre de S. Quiriace occuperont le coſté droit, & dans laquelle Egliſe de Noſtre-Dame la Meſſe ſera celebrée par le Doyen de Noſtre-Dame, ou par autre deputé du Chapitre en cas d'abſence ou empêchement du Doyen, le Celebrant accompagné de Diacre & Soûdiacre de ſon Chapitre, ladite Meſſe chantée par les ſeuls Chanoines, Beneficiers & Vicaires de ladite Egliſe.

7°. Et enfin que les Suppliants ſeront maintenus en leur droit & poſſeſſion d'adminiſtrer les Sacremens aux Chapelains de leur Egliſe, qui demeureront malades dans l'étenduë de leur détroit, ſeparé du détroit de S. Quiriace par la Riviere d'Urtain, & de leur donner la ſepulture en cas de mort, & cela encore que leſdits Chapelains de Noſtre-Dame le ſoient auſſi de S. Quiriace.

Et en cas que Voſtre Majeſté faſſe quelque difficulté d'adjuger dès-à-preſent les concluſions que les Suppliants ont priſes ci-deſſus, renvoyer les Parties au Conſeil Privé de Voſtre Majeſté, ou en telle Cour qu'il luy plaira pour y proceder ſur l'appel des Suppliants, circonſtances & dépendances en la maniere accoûtumée : le tout ſans préjudice aux Suppliants de propoſer par la ſuite contre ledit jugement arbitral, tels autres griefs qu'ils aviſeront, & de former contre leſdits ſieurs du Chapitre de S. Quiriace, telles autres demandes que les Suppliants trouveront à propos, & condamner les ſieurs du Chapitre de S Quiriace aux dépens; & les Suppliants continuëront leurs Vœux & leurs Prieres pour la proſperité & ſanté de VOSTRE MAJESTE'.   CHARROYER.

Copie de l'Arreſt du 14. Février 1718. par lequel le Chapitre de Noſtre-Dame eſt receu oppoſant à celuy du 6. Aouſt 1717.

Extrait des Regiſtres du Conſeil d'Eſtat.

SUR la Requeſte preſentée au Roy eſtant en ſon Conſeil, par les Doyen, Chanoines & Chapitre de l'Egliſe Royale & Collegiale de Noſtre-Dame du Val de Provins. Contenant, qu'il y a dans la Ville de Provins deux Chapitres très-anciens, & indépendans l'un de l'autre; l'un eſt le Chapitre de Saint Quiriace dans la Ville

Haute

haute , & l'autre celuy de Noſtre-Dame dans la Ville baſſe, que ces deux Chapitres ont eu depuis long-temps des conteſtations au ſujet de leurs rangs & de leurs
prerogatives ; tant au Bailliage de Provins qu'au Parlement de Paris , & au Conſeil
de Sa Majeſté ; que par un dernier Arreſt du Conſeil, toutes ces conteſtations ont
eſté renvoyées au Bailliage de Provins pour y eſtre reglées, & par appel au Parlement de Paris ; mais que dans la ſuite les Parties ayant trouvé à propos de s'en rapporter à l'avis du ſieur Bignon Conſeiller d'Eſtat, Intendant de la Generalité de
Paris , les Supplians ſignerent deux actes capitulaires les 19 Septembre 1712. & 11.
Décembre 1715. par forme de Compromis, par leſquels ils déclarerent qu'ils s'en
rapportoient ſur tous les procez & conteſtations qu'ils avoient avec le Chapitre de
Saint Quiriace, pour quelques droits , demandes & prétentions que ce put eſtre ,
circonſtances & dépendances ſans aucune reſerve, à la déciſion, avis & Jugement
arbitral dudit ſieur Bignon, qui en avoit accepté la ſoumiſſion , pour rendre par
luy ſon Jugement arbitral ſur les pieces qui luy ſeroient remiſes entre les mains, lequel Jugement & avis , les Supplians s'obligerent d'executer , & conſentirent qu'il
fût paſſé Arreſt en conformité dudit Jugement. En conſequence de ce compromis les
Supplians ont remis entre les mains dudit ſieur Bignon les Memoires de leurs prétentions , avec les pieces juſtificatives, & le Chapitre de Saint Quiriace en a fait autant. Mais le ſieur Bignon au lieu de rendre un Jugement arbitral en la maniere
accoûtumée , a fait rendre un Arreſt au Conſeil d'Eſtat le 6. Aouſt 1717. comme
s'il avoit eſté commis par Sa Majeſté, pour rapporter les conteſtations des Parties,
& qu'elles euſſent eſté inſtruites au Conſeil : & comme le Jugement arbitral dudit
ſieur Bignon eſt auſſi irregulier au fond que l'Arreſt l'eſt dans la forme, les Supplians ſe trouvent obligés d'en interjetter appel, & de former oppoſition audit Arreſt ; leurs moyens d'oppoſition ſont, 1°. Que quand des Parties paſſent un compromis entr'elles pour faire juger leurs conteſtations par un arbitre, quelques clau-
ſes qu'ils puiſſent y inſerer, cela ne peut donner au Jugement arbitral que l'effet
d'un premier Jugement ; & quoyqu'il ſoit préciſément convenu qu'il ſera paſſé Arreſt de ce qui ſera décidé par l'Arbitre , ou-bien qu'on s'en rapporte à ſon avis
comme à un Arreſt du Parlement ou du Conſeil , cela ne peut jamais oſter la
faculté à la Partie qui ſe trouve lezée par le Jugement arbitral d'en interjetter
appel ; parce que les Parties ne peuvent pas avoir l'autorité de rendre un Arbitre
Juge ſouverain ; c'eſt pourquoy l'appel de ces ſortes de Jugemens eſt toûjours reçû,
& les Parties ne peuvent eſtre obligées à en conſentir l'execution que par les peines
qui ſont ordinairement ſtipulées contre celle qui ne voudra pas acquieſcer. Ainſi
de quelque maniere que ledit ſieur Bignon ait rendu ſon Jugement arbitral, il n'y a
pas de difficulté que les Supplians ne ſoient en eſtat d'en interjetter appel ; & par
la même raiſon de former oppoſition à l'Arreſt , par lequel il en a fait ordonner
l'homologation ; puiſque ſi cet Arreſt ſubſiſtoit, ce ſeroit oſter aux Supplians la voye
qui leur appartient de droit, de ſe pourvoir contre l'avis qui a eſté donné. 2°. Il paroiſt par la lecture de cet Arreſt, qu'il a eſté rendu de la même maniere que tous les
Arrêts ſe rendent au Conſeil ſur les conteſtations qui y ſont pendantes entre les Parties,
& qui y ont eſté inſtruites. Cependant les Parties n'eſtoient point en inſtance au Conſeil ;
au contraire, elles avoient été renvoyées au Bailliage de Provins pour y proceder, & par
appel au Parlement de Paris. Les compromis ne portent pas même qu'il ſeroit paſſé Arrêt au Conſeil conformément à l'avis dudit S. Bignon , elles n'auroient pas pû le ſtipu-
ler ; puiſqu'il ne dépend point des Parties de ſe choiſir des Juges, & qu'elles doivent ſuivre l'ordre des Juriſdictions : ce qui doit ſans doute avoir encore plus lieu entre des Eccleſiaſtiques , & pour des matieres ſpirituelles comme celles dont il s'agit, que les
ſeuls Juges Eccleſiaſtiques ont droit de juger ſuivant l'artic. 34. de l'Edit de 1695.
Enfin , quand cet Arrêt ſeroit regulier dans la forme, l'oppoſition des Supplians
n'en ſeroit pas moins recevable ; parcequ'il ne peut jamais paſſer que pour un Arreſt
d'homologation du Jugement arbitral dudit ſieur Bignon ; ce qui eſt ſi vray, que
dans le Veu de cet Arreſt il eſt préciſément marqué que les Parties avoient con-
ſenty de s'en rapporter à ſon avis, qui ſeroit homologué par Arreſt. Requeroient
à ces cauſes les Supplians, & pour les griefs propoſez au fond contre le Jugement
arbitral dudit ſieur Bignon, qu'il plût à Sa Majeſté les recevoir oppoſans à l'execution dudit Arreſt du Conſeil du 6. Aouſt 1717. & Appellans de l'avis & Jugement arbitral dudit ſieur Bignon ; Ce faiſant , ſans avoir égard audit Arreſt &
Jugement arbitral, accorder aux Supplians les fins des concluſions priſes par ladite

E

Requeſte, & où Sa Majeſté ne jugeroit pas à propos d'y ſtatuer dès-à preſent, renvoyer les Parties au Conſeil Privé de Sa Majeſté, ou en telle Cour qu'il luy plaira
pour y proceder ſur l'appel des Supplians, circonſtances & dépendances, en la maniere accoûtumée ; le tout ſans prejudice aux Supplians de propoſer par la ſuite
contre ledit Jugement arbitral, tels autres griefs qu'ils aviſeront, & de former contre leſdits Sieurs du Chapitre de Saint Quiriace, telles autres demandes que les Supplians trouveront à propos. VEU ladite Requeſte & les pieces attachées à icelles.
Oüy le rapport & tout conſideré.

LE ROY ESTANT EN SON CONSEIL de l'avis de Monſieur
le Duc d'Orleans Regent, a reçû & reçoit leſdits Sieurs Doyen, Chanoines & Chapitre de Noſtre-Dame du Val, oppoſans à l'Arreſt du Conſeil du 6. Aouſt 1717.
ſauf aux Parties à ſe pourvoir par les voyes de droit, ainſi qu'elles aviſeront bon
eſtre, pour proceder comme auparavant ledit Arreſt. Fait au Conſeil d'Eſtat du
Roy, Sa Majeſté y eſtant, Monſieur le Duc d'Orleans Regent preſent, tenu à Paris le quatorziéme Février mil ſept cent dix-huit, *Signé* PHELIPEAUX.

COPIE de l'Arreſt du Conſeil d'Etat, contenant la Requeſte du
Chapitre de Saint Quiriace en oppoſition audit Arreſt du quatorze
Février mil ſept cent dix-huit.

*SUR la Requeſte preſentée au Roy, eſtant en ſon Conſeil par le Chapitre de l'Egliſe
Royale & Collegiale de Saint Quiriace de Provins : contenant que pour terminer les
conteſtations d'entre eux, & le Chapitre de l'Egliſe Collegiale de Noſtre-Dame du Val
de la même Ville, au ſujet de la preſeance, des honneurs du Clergé, & autres droits ;
leſdits Chapitres s'en ſeroient rapportez par des Actes capitulaires des 19. & 21. Septembre 1712. 29. Novembre & 11. Décembre 1715. à l'avis du ſieur Bignon Conſeiller d'Etat, Intendant de la Généralité de Paris, ſe ſeroient obligez d'executer ce qui
ſeroit par luy decidé, & auroient conſenti qu'il en fût paſſé Arreſt : en execution de ces
ſoumiſſions reſpectives, ces deux Chapitres mirent leurs memoires, titres, pieces & inſtruc-
tions, entre les mains du ſieur Bignon, pendant l'eſpace de quatre à cinq années, & aprés
qu'ils eurent déclaré par écrit qu'ils n'avoient plus rien à y ajoûter : Le ſieur Bignon com-
muniqua le tout au ſieur Bouteiller de Chavigny, lors nommé à l'Archevêché de Sens, & au
ſieur Abbé Tancin, qui eſtoit Grand-Vicaire du Dioceze, le ſiege vacant, & donna
enſuite ſon avis, en conſequence duquel il eſt intervenu le 6. Aouſt 1717. au Conſeil de
Regence de l'avis de Monſeigneur le Regent un Arreſt qui a décidé & terminé toutes leſ-
dites conteſtations ; mais au lieu d'acquieſcer de bonne foy à cet Arreſt, le Chapitre de Nôtre-
Dame du Val preſenta une Requeſte, à ce qu'il plût à Sa Majeſté les recevoir oppoſans
au même Arreſt du 6. Aouſt 1717. & Appellans de l'avis du ſieur Bignon, qu'ils quali-
fient de Jugement arbitral, & où Sa Majeſté ne jugeroit pas à propos d'y ſtatuer dès lors,
il luy plût de renvoyer les Parties au Conſeil privé, où à telle autre Cour qu'il luy plai-
roit pour y proceder ſur leur Appel, circonſtances & dépendances en la maniere accoutumée:
ſur cette Requeſte non communiquée, il intervint le 14. Février 1718. un Arreſt qui receut le
Chapitre de Noſtre-Dame du Val, oppoſant à celuy du 6. Aouſt 1717. ſauf aux Parties à ſe
pourvoir par les voyes de droit, ainſi qu'ils auroient pû faire avant le même Arreſt, ce qui eſt
une pure ſurpriſe, en ce que pour retracter un Arreſt ſi ſolemnel, il auroit fallu entendre toutes les
Parties, il n'auroit pû eſtre retracté que par des motifs puiſſans, & ſur des moyens tirez du fond
de l'affaire, & il n'a eſté allegué dans la Requeſte du Chapitre de Noſtre-Dame du Val aucun
moyen tiré du fond, n'y en ayant aucun de valable à propoſer : il ne paroiſt pas même qu'il ait
eſté joint aucuns titres ny pieces à la Requeſte, n'y en ayant point denoncez dans le vû de
l'Arreſt : le Chapitre de Noſtre-Dame allegua ſeulement de pretendues irregularités en la
forme, & ils les faiſoit conſiſter, en ce qu'il ſoûtenoit que le ſieur Bignon n'avoit droit
que de rendre un Jugement arbitral, que cependant il avoit fait rendre au Conſeil d'Etat
un Arreſt, comme s'il avoit eſté nommé pour rapporter les conteſtations des Parties, &
qu'elles euſſent eſté inſtruites au Conſeil : qu'il n'eſt pas au pouvoir des Parties de rendre
un Arbitre juge ſouverain, qu'ils doivent ſuivre l'ordre des Juriſdictions, ce qui doit d'autant plus avoir lieu entre les Eccleſiaſtiques pour des matieres ſpirituelles, ſuivant l'art.
34. de l'Edit de 1695. enfin que l'Arreſt du 6. Aouſt 1717. ne peut paſſer que pour un Arreſt d'homologation d'un Jugement arbitral. Il ne faut que conferer les ſoumiſſions de ces*

deux Chapitres avec l'Arreſt du Conſeil du 6. Aouſt 1717. pour eſtre convaincu que l'avis du ſieur Bignon, & l'Arreſt rendu en conſequence ſont très reguliers, puiſque les Parties s'eſtoient expreſſement ſoumiſes à l'avis du ſieur Bignon, à executer ce qui ſeroit par luy reglé, & à ce qu'il intervint un Arreſt en conſequence : le refus qu'avoit fait le Chapitre de Noſtre-Dame du Val d'aſſiſter au Service ſolemnel qui avoit eſté fait par ordre du Roy, pour le repos de l'ame de Monſeigneur le premier Dauphin, fut la cauſe & l'occaſion de ces ſoumiſſions à en paſſer par l'avis du ſieur Bignon : il avoit receu ordre de Sa Majeſté de s'informer en faiſant ſon département des raiſons de ce refus : les Deputez du Chapitre de Noſtre-Dame s'en excuſerent, ſous pretexte des conteſtations qui eſtoient entre leur Chapitre & celuy de ſaint Quiriace, au ſujet des preſeances, & dirent qu'ils s'en rapporteroient entierement à la déciſion du ſieur Bignon; ce qui fut accepté par les Députez du Chapitre de ſaint Quiriace, qui eſtoient auſſi preſens : le ſieur Bignon fit de grandes difficultez de ſe charger de cette affaire, il ſe rendit enfin aux inſtantes prieres qui lui en furent faites, qui furent ſuivies des ſoumiſſions cy-deſſus expliquées; c'eſt donc en qualité de Conſeiller d'Etat, d'Intendant de la Province, pendant le cours de ſon département, que le ſieur Bignon a bien voulu accepter les ſoumiſſions des Parties, & donner ſon avis qui a eſté ſuivi de l'Arreſt du Conſeil de Regence du 6. Aouſt 1717. il ne peut pas eſtre conſideré comme un Arreſt intervenu ſur des conteſtations inſtruites au Conſeil; mais comme un Arreſt rendu en conſequence de l'avis d'un Conſeiller d'Etat Intendant de Province, pour remettre la paix entre deux corps qui en eſtoient privez depuis un très grand nombre d'années : Tous les jours les ſieurs Intendans des Provinces donnent leurs avis ſur toutes ſortes de matieres, parce qu'ils ſont Intendans de Juſtice, Police & Finances, & ſur leurs avis il intervient des Arreſts lorſque Sa Majeſté le juge à propos, en quoy il n'y a rien qui prejudicie aux droits des Parties qui s'y ſont volontairement ſoumiſes, ny qui bleſſe l'ordre des Juriſdictions : il ne s'agiſſoit point, comme on l'a voulu ſuppoſer, de matieres ſpirituelles, de la qualité & du nombre de celles portées par l'art 34. de l'Edit, concernant la Juriſdiction du Clergé du mois d'Avril 1695. il eſtoit ſimplement queſtion de droits honorifiques, de rangs & de preſceances, qui ſont certainement de la competence des Juges laïcs : enfin ſi l'Arreſt du 14. Février 1718. avoit lieu, il feroit renaiſtre des Procès éteints & terminez, qui après avoir duré pendant plus de quarante années, ont eſté reglez & décidez en très grande connoiſſance de cauſe au Conſeil de Regence par l'avis du ſieur Bignon, ſur le pouvoir que ces deux Chapitres luy en avoient donné, cauſeroit leur rüine par la longeur & la multitude des procedures, & les grands frais auſquels ils ſeroient de nouveau expoſez. A CES CAUSES, les Supplians requeroient qu'il plût à Sa Majeſté les recevoir oppoſans à l'Arreſt du 14. Février 1718. faiſant droit ſur leur oppoſition, ordonner que ſans avoir égard audit Arreſt, celuy du 6. Aouſt 1717. ſera executé ſelon ſa forme & teneur.

Vû la Requeſte & les pieces juſtificatives.

Le Roy eſtant en ſon Conſeil, de l'avis de Monſieur le Duc d'Orleans Regent, a ordonné & ordonne que ladite Requeſte ſera communiquée au Chapitre de Noſtre-Dame du Val de Provins, pour y fournir de reponſe dans un mois du jour de la ſignification du preſent Arreſt, pour icelle vûë & rapportée eſtre par Sa Majeſté ordonné, ce qu'il appartiendra. Fait au Conſeil d'Etat du Roy, Sa Majeſté y eſtant, tenu à Paris le ſeptiéme jour d'Aouſt mil ſept cent dix-neuf. Signé P H E L I P P E A U X, avec paraphe.

De l'Imprimerie de J E A N - F R A N Ç O I S K N A P E N, ruë de la Huchette, à l'Ange.

www.ingramcontent.com/pod-product-compliance
Ingram Content Group UK Ltd.
Pitfield, Milton Keynes, MK11 3LW, UK
UKHW020118100726
13658UKWH00005B/2235